Einfach schwimmen lernen
Das Original mit den vier Enten

Johannes Wyrwoll

JOHANNES WYRWOLL

ab ca. fünf Jahren

DAS ORIGINAL MIT DEN VIER ENTEN

Impressum
© Johannes Wyrwoll

Kia Kahawa Verlagsdienstleistungen
Lektorat: Nadja Diem
Korrektorat: Celina Keute
Buchsatz und Coverdesign: Lena Adolph
www.kiakahawa.de

Verlag: BoD · Books on Demand GmbH, In de Tarpen 42, 22848 Norderstedt, bod@bod.de
Druck: Libri Plureos GmbH, Friedensallee 273, 22763 Hamburg

Urhebervermerk:
Enten auf dem Buchdeckel: © CSH/Shotshop.com
Schnorchlerin auf Seite 13, Bild 1: © Erich Teister/Shotshop.com

Quelle:
Tabelle mit Zeichnungen zu Schwimmbewegungen, Seite 27-29
Unfallkasse NRW, www.sichere-schule.de

ISBN:
978-3-7583-4287-5

VORWORT

Liebe Leserinnen und Leser,

dieses Buch ist, auch wenn ich mich im Text auf Kinder beziehe, für alle gedacht, die schwimmen lernen wollen bzw. es jemandem beibringen möchten.

Die Idee hierzu kam mir, nachdem ich meinem Sohn das Schwimmen beigebracht hatte und in den Medien immer öfter berichtet wurde, dass es kaum noch Schwimmunterricht an den Schulen gäbe, die Schwimmkurse ausgebucht wären und somit die Anzahl der Nichtschwimmer steigen würde.

Ich freue mich, Ihnen meine Tipps zum Schwimmenlernen weiterreichen zu können.

Ihr Johannes Wyrwoll

INHALT

Vorwort 5
Wie alles begann … 8
Womit Kinder zu kämpfen haben 11
So wird das Lernen leichter 12
Die Schnorchelausrüstung 14
Die Taucherbrille 15
Der Schnorchel 18
Die Schnorchelbrille 20
Mit Schnorchel und Brille ins Wasser 22
Die Schwimmbewegungen 24
Das Zusammenspiel von Arm- und Beinbewegungen 27
Das Üben 30
Schneller Zwischenerfolg 31
Richtig abtauchen 33
Farbe der Badebekleidung rettet Leben 34
Zusammenfassung 35
Baderegeln 36
Zum Schluss … 37
Quellen und weitere Infos 39

WIE ALLES BEGANN ...

Wir gingen mit unserem Sohn erst zum Babyschwimmen und später ins Schwimmbad in den Nichtschwimmerbereich. Hier konnte er herrlich planschen, spielen und das Element Wasser näher kennenlernen. Mit zunehmendem Alter kam die Zeit, in der er sich mit Schwimmflügeln oder anderen Schwimmhilfen in tieferem Wasser an der Oberfläche hielt. Und für uns kam die Zeit, in der wir uns Gedanken machten, wie das eigene Kind das Brustschwimmen erlernen soll. Der klassische Weg führt in der Regel zur Schwimmschule bzw. zum Schwimmunterricht der örtlichen Vereine.

Als unser Sohn fünf Jahre alt war und bei einem seiner Schwimmflügel die Luft nicht mehr hielt, sagte ich zu ihm, dass es nun an der Zeit sei, schwimmen zu lernen.

So war der erste Weg zum angebotenen Schwimmunterricht im Hallenbad unseres Ortes. Etwa 15 kleine Kinder wurden dort durch eine Fachkraft unterrichtet. Der Lärmpegel war entsprechend hoch und die Wasseroberfläche durch die vielen Kinder im Becken sehr unruhig.

Es wird Sie wahrscheinlich kaum überraschen, dass unser Sohn wenig begeistert war, sich zu beteiligen: Es endete schon am ersten Tag in Tränen.

Daher entschied ich mich, ihm das Brustschwimmen selbst beizubringen.

Ohne einen genauen Plan ging es los. Meine Idee und die daraus resultierenden guten Erfahrungen, die ich im Laufe der Zeit hierbei gemacht habe, möchte ich mit Ihnen im Folgenden teilen.

Aber eines vorweg: Zu erleben, wie das eigene Kind nach gemeinsam verbrachter Zeit im Schwimmbecken die ersten Meter ohne Hilfe schwimmt, ist ein Moment, den ich nie vergessen werde und jedem wünsche, ihn zu erleben.

Meine Anregungen sind, wie im Vorwort schon erwähnt, nicht nur für Kinder gedacht, um sie auf einem guten Weg zum Schwimmen zu begleiten, sondern auch für deren Eltern. Sie sollen Sie motivieren, Zeit mit ihrem Kind im Wasser zu verbringen und gemeinsame Erfolge zu erleben.

Aber auch Jugendlichen und Erwachsenen, denen bisher aus unterschiedlichen Gründen das Schwimmenlernen nicht möglich war, möchte ich einen „entspannten" Weg aufzeigen.

Nehmen Sie sich bitte Zeit, lesen Sie alles in Ruhe durch und gehen dann ins Wasser, um das Schwimmen zu lernen oder zu vermitteln, nicht umgekehrt!

Abschließend weise ich darauf hin, dass laut Fachliteratur Kinder erst ab ca. fünf Jahren in der Lage sind, die Bewegungen der Arme und Beine beim Schwimmen zu koordinieren. Wenn Sie also schon früher loslegen wollen, sollten Sie für eventuelle Schwierigkeiten Ihres Kindes Verständnis haben.

AUF GEHTS!

WOMIT KINDER ZU KÄMPFEN HABEN

Wenn ein Kind das Brustschwimmen erlernt, hat es aus meiner Sicht mit folgenden Herausforderungen zu kämpfen:

Erstens die Angst zu überwinden, im Wasser unterzugehen. Sobald der sichere Untergrund fehlt, taucht es mit dem Kopf unter Wasser. Am Anfang kennt das Kind nur das wilde Paddeln, das viel Kraft kostet und es irgendwie kurzfristig vor dem Untergehen bewahrt. Der rettende Auftrieb fehlt.

Zweitens muss das Kind die Arm- und Beinbewegungen erlernen und die richtige Koordination beider Bewegungen verinnerlichen.

Drittens kommt es zum Absinken der Beine und der Hüfte, sobald das Kind verstanden hat, die Schwimmbewegung annähernd richtig auszuführen und einigermaßen waagerecht im Wasser zu „liegen". Es kämpft gegen das Untertauchen, da der Körper immer aufrechter im Wasser wird und es nach „oben" schwimmt und nicht nach vorn. Somit verhindert das Kind zwar das Untertauchen, aber es fehlt der Erfolg des Vorwärtskommens.

Viertens ist die Wasseroberfläche selten ruhig und es droht das Verschlucken von Wasser, wodurch das Kind hustet und würgt und gegebenenfalls untertaucht. Um dies zu vermeiden, wird der Kopf weit in den Nacken gelegt, was wiederum das Absinken der Hüfte begünstigt – und der Kreislauf beginnt von vorn. Außerdem kann es nicht ruhig durchatmen, sondern muss sich darauf konzentrieren, kein Wasser zu schlucken. Zudem drohen Wasserspritzer in die Augen zu kommen, die Konzentration ist gestört und das Lernen wird unterbrochen.

Die größte Herausforderung sehe ich für das Kind darin, dass es mit all diesen Problemen gleichzeitig zu kämpfen hat.

Und dann gibt es noch die Eltern. Wer hat die Zurufe an das Kind nicht schon im Schwimmbad gehört: „Po hoch, die Handflächen nach außen drehen, nicht so weit mit den Armen durchziehen, nein! Wenn die Beine zusammengehen, musst du die Arme nach vorn bewegen!" Und so weiter. Doch das ist weder motivierend noch hilfreich.

Lassen Sie uns das Schwimmen also von einer anderen Seite angehen, um diese Probleme zu minimieren bzw. mit ein paar Hilfsmitteln zu umgehen.

SO WIRD DAS LERNEN LEICHTER

Als Erstes sollte das Kind Vertrauen zum Wasser aufbauen und merken, dass es nicht untertaucht, sobald der sichere Untergrund fehlt. Wer kennt sie nicht, die Haltung „toter Mann", auch Seestern oder Seerose genannt. Der Körper liegt waagerecht im Wasser, das Gesicht schaut nach oben und siehe da: Obwohl man sich nicht bewegt, geht man nicht unter. Diese Körperhaltung funktioniert auch andersherum, auf dem Bauch mit dem Gesicht zum Boden. Zugegebenermaßen fällt nun das Luftholen etwas schwer ...

Aus einer Laune heraus kaufte ich bei einem Discounter eine Schnorchelausrüstung für meinen Sohn. Er konnte zwar noch nicht schwimmen, da ich aber selbst ein begeisterter Taucher bin, dachte ich mir, sie wird schon für später brauchbar sein. Das Set umfasste eine einstellbare Taucherbrille, einen Schnorchel und Flossen. Als es mit meinem „Schwimmunterricht" mal wieder zäh bis gar nicht voranging, schlug ich ihm vor, die Schnorchelausrüstung auszuprobieren.

Zunächst setzte er nur die Brille auf und den Schnorchel an. Auf die Flossen wollte er noch verzichten.

Da er mit der Brille nun den Beckengrund klar sehen konnte, schaute er unentwegt nach unten und atmete durch den Schnorchel – und siehe da, er lag waagerecht im Wasser und tauchte nicht unter. Er hatte auf einmal Vertrauen, bei richtiger Körperlage im Wasser nicht ungewollt unterzutauchen.

Da kam mir die entscheidende Idee: Wenn er nun entspannt mit Taucherbrille und Schnorchel im Wasser liegt, nicht untertaucht und auch nicht die Gefahr des Verschluckens von Wasser besteht und keine Wasserspritzer in die Augen gelangen können, kann er sich ja nun auf die Schwimmbewegungen konzentrieren!

Die Körperhaltung beim Schnorcheln war also der Durchbruch zum stressfreien Schwimmenlernen!

Bild 1: Entspannte Lage einer Schnorchlerin im Wasser. Sie schwimmt auf der Wasseroberfläche, ohne sich bewegen zu müssen.

DIE SCHNORCHELAUSRÜSTUNG

Die Schnorchelausrüstung aus dem Supermarkt oder Onlineshop besteht aus Taucherbrille, Schnorchel, Schnorchelhalter und Flossen. Wem hier das Vertrauen fehlt bzw. wer unsicher ist, ob sie passt, ist im Fachgeschäft sicherlich besser aufgehoben.

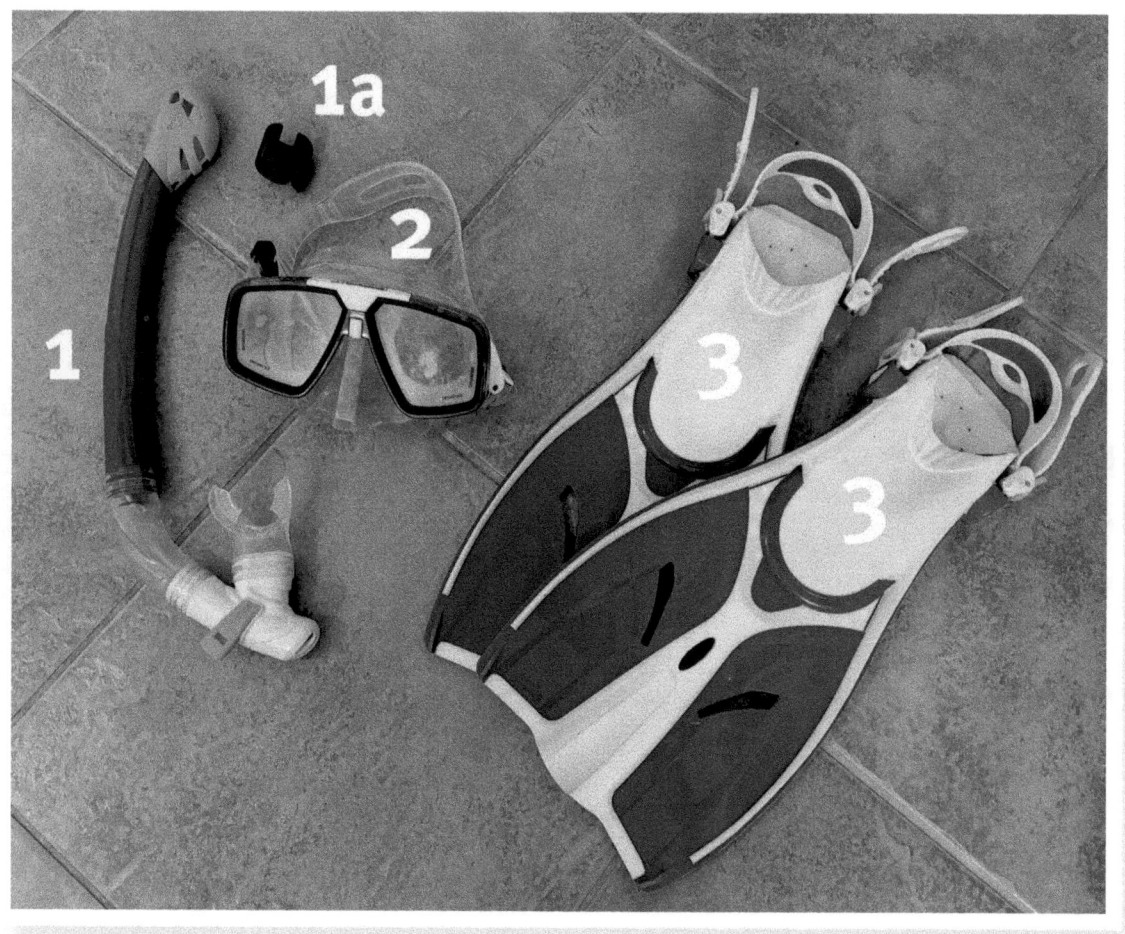

Bild 2: 1: Schnorchel, 1a: Schnorchelhalter, 2: Taucherbrille, 3: Flossen

Taucherbrille, Schnorchel mit Halter und Flossen gibt es in den verschiedensten Größen und Ausführungen. Die hier abgebildete Version ist somit nur eine von vielen. Im Folgenden werde ich auf die Vorteile dieser Version eingehen.

DIE TAUCHERBRILLE

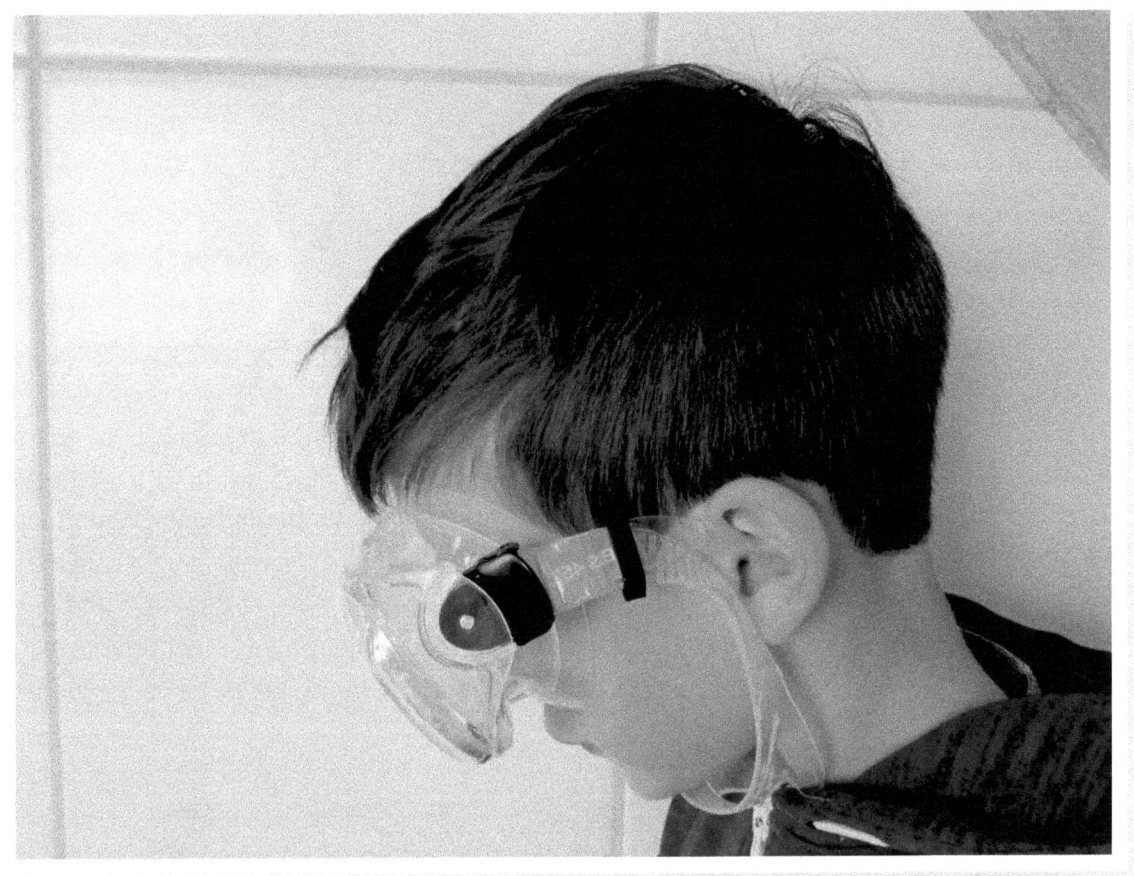

Bild 3: Test der Taucherbrille

Im Wesentlichen passt eine Taucherbrille, wenn sie auf dem Gesicht gut anliegt und somit gegen Wasser abdichten kann.

Um dies zu testen, setzen Sie die Taucherbrille auf das Gesicht, das Brillenband muss lose nach unten hängen. Es wird nicht um den Kopf gelegt! Achten Sie unbedingt darauf, dass keine Haare unter der Dichtlippe der Taucherbrille liegen (siehe Bild 3 und 4)!

Wenn die Taucherbrille richtig sitzt, schließt deren Dichtlippe die Taucherbrille am Gesicht luftdicht ab.

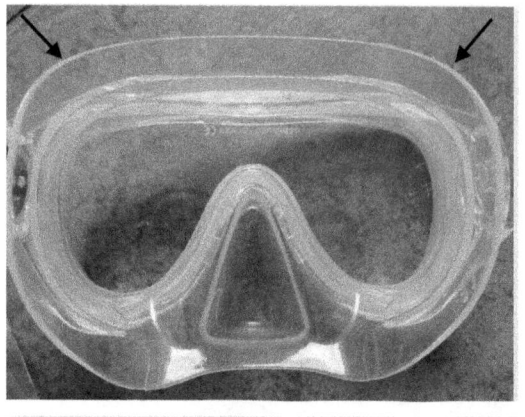
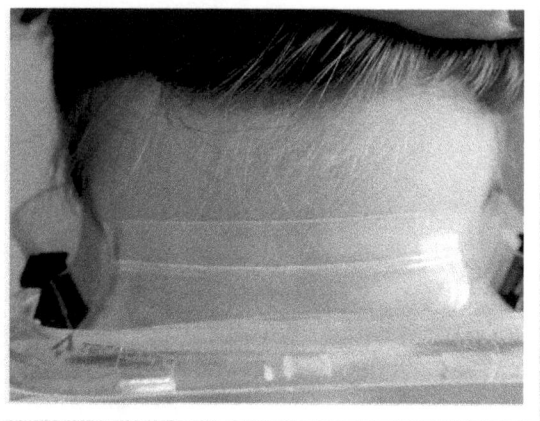

Bild 3: Dichtlippe der Taucherbrille

Bild 4: Es dürfen keine Haare unter der Dichtlippe liegen

Um Sitz und Dichtheit zu testen, wird die Taucherbrille mit der Hand auf dem Gesicht gehalten, der Kopf ist Richtung Boden geneigt. Nun versucht man, durch die Nase einzuatmen. Sitzt die Taucherbrille richtig, entsteht in ihr ein Unterdruck, durch den die Taucherbrille auf dem Gesicht hält. Sie können jetzt die Brille vorsichtig loslassen. Wenn diese nicht vom Gesicht fällt, passt sie (siehe auch Bild 2). Fällt sie ab, liegt die Dichtlippe der Taucherbrille nicht richtig auf dem Gesicht auf, da sie zu groß ist. Beim Tauchen würde Wasser in die Taucherbrille eindringen.

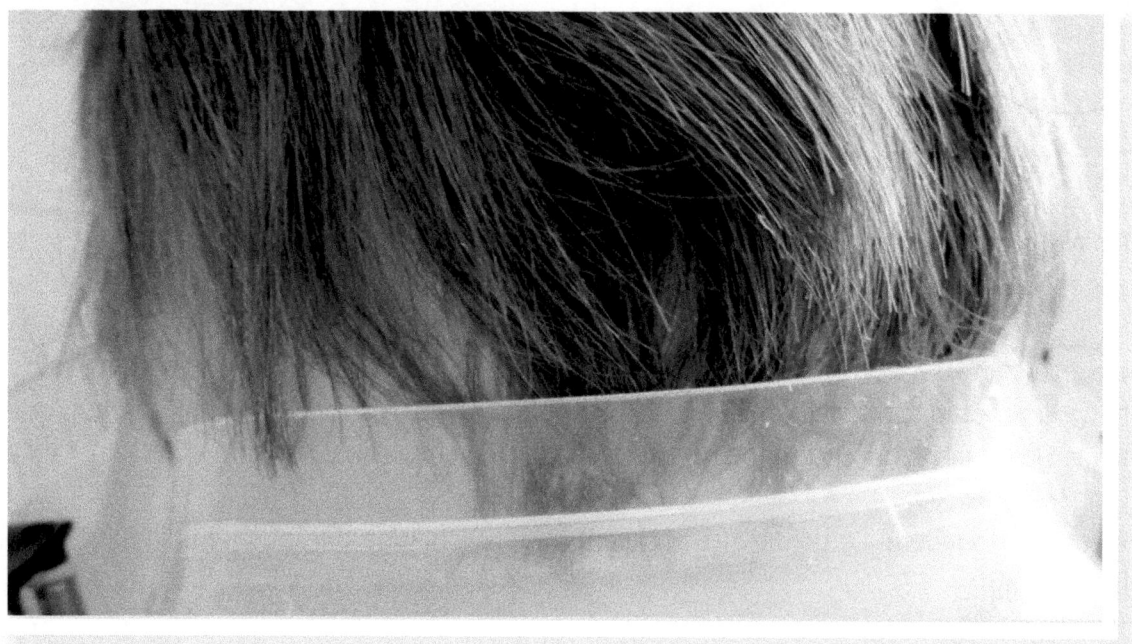

Bild 6: Liegt die Dichtlippe der Taucherbrille auf den Haaren, kann man die Passform/Dichtheit nicht testen und beim Tauchen würde Wasser im Bereich der eingeklemmten Haare in die Taucherbrille laufen.

Wenn die Taucherbrille passt, stellen Sie das Band so ein, dass es die Brille sicher am Gesicht hält und sich diese nicht verformt oder Druckstellen im Gesicht hinterlässt. Achten Sie bei jedem Anlegen der Brille darauf, dass sich keine Haare zwischen dem Brillenrand und dem Gesicht befinden (siehe Bild 5). Hier würde das Wasser hereinlaufen und die Brille müsste in kurzen Abständen immer wieder abgesetzt und entleert werden.

Taucherbrillen mit Schnellverschluss haben einen Vorteil: Nachdem das Brillenband einmal eingestellt wurde, kann das Brillenband durch Drücken des Schnellverschlusses einfach von der Taucherbrille gelöst werden. Der Vorteil zeigt sich beim Anlegen: Brille aufsetzen, Brillenband um den Hinterkopf legen und den Schnellverschluss schließen. Gerade für Kinder ist das sehr angenehm, da das Brillenband beim Anlegen nicht an den Haaren zieht.

Bild 7: Taucherbrille mit Schnellverschluss

Bild 8: Rotes Element zum Einstellen des Brillenbandes

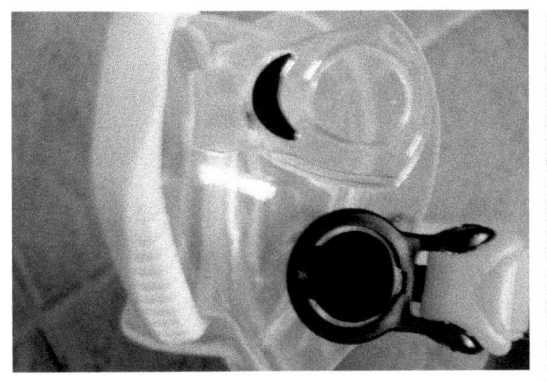

Bild 9: Schnellverschluss gelöst

Beim Tauchen mit Taucherbrille kommt es vor, dass das Brillenglas nach einiger Zeit beschlägt. Gegen das Beschlagen hilft es, vor dem Aufsetzen auf die Innenseite der Gläser zu spucken, den Speichel auf dem Glas zu verreiben und anschließend auszuspülen. Mit dem Aufsetzen der Taucherbrille sollte nicht lange gewartet werden. Auch das Einreiben mit Zahnpasta oder einer Kartoffel schon zu Hause hilft. Immer die Taucherbrille danach mit Wasser ausspülen.

Ich empfehle Ihnen, die Taucherbrille zu Hause in Ruhe anzuprobieren, einzustellen und den Schnorchel richtig am Brillenband zu befestigen. Auch das Atmen durch den Schnochel muss ausprobiert werden!

DER SCHNORCHEL

Bild 10: Schnorchel im Schnorchelhalter

Der Schnorchel (blau) wird in den Schnorchelhalter (schwarz) geklipst. Anschließend die Klammer des Schnorchelhalters (hier auf der rechten Seite) von oben über das Brillenband schieben.

Wenn Sie die Taucherbrille und den Schnorchel richtig miteinander verbunden haben, sieht es so aus wie auf Bild 7 und 8. Das Brillenband darf nicht verdreht sein.

Bild 11: Schnorchel am Brillenband befestigt

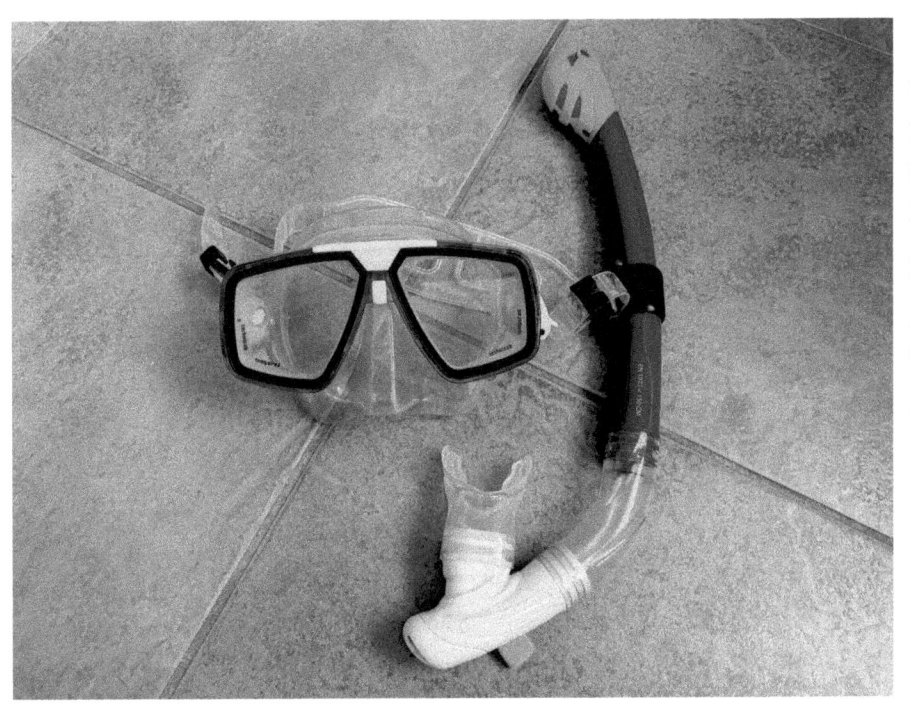

Bild 12: Taucherbrille und Schnorchel sind richtig verbunden. Das Brillenband ist nicht verdreht.

DIE SCHNORCHELBRILLE

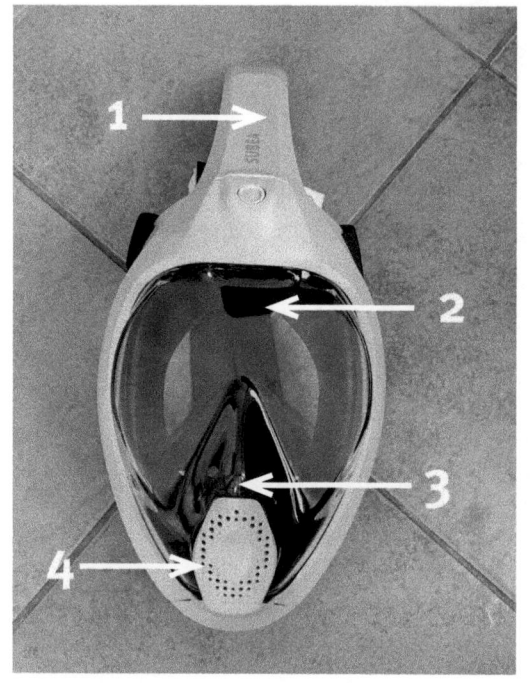

Sollte das Kind mit der Verwendung von Taucherbrille und Schnorchel nicht zurechtkommen, bietet sich alternativ die Verwendung einer Schnorchelbrille an.

Die Schnorchelbrille bietet den Vorteil, dass man wie gewohnt durch Mund und Nase atmen kann, denn eine Taucherbrille mit separatem Schnorchel ermöglicht nur die Mundatmung. Auch bei der Schnorchelbrille ist darauf zu achten, dass keine Haare unter die Dichtlippe geraten.

Bild 13: Vorderansicht

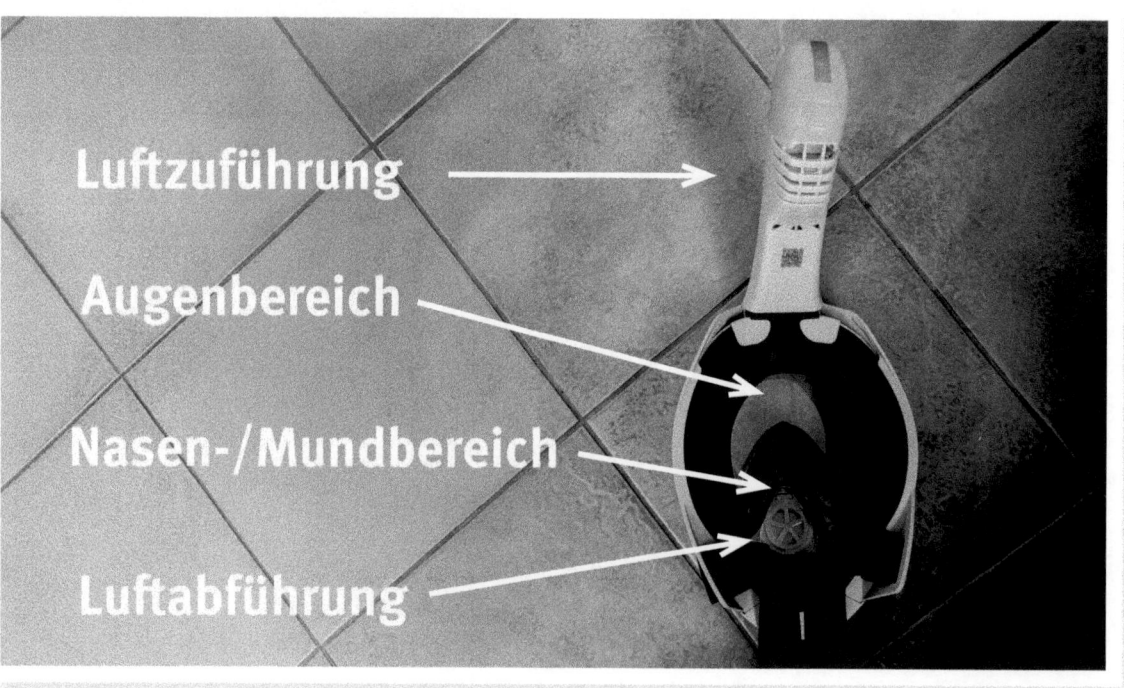

Bild 14: Rückansicht

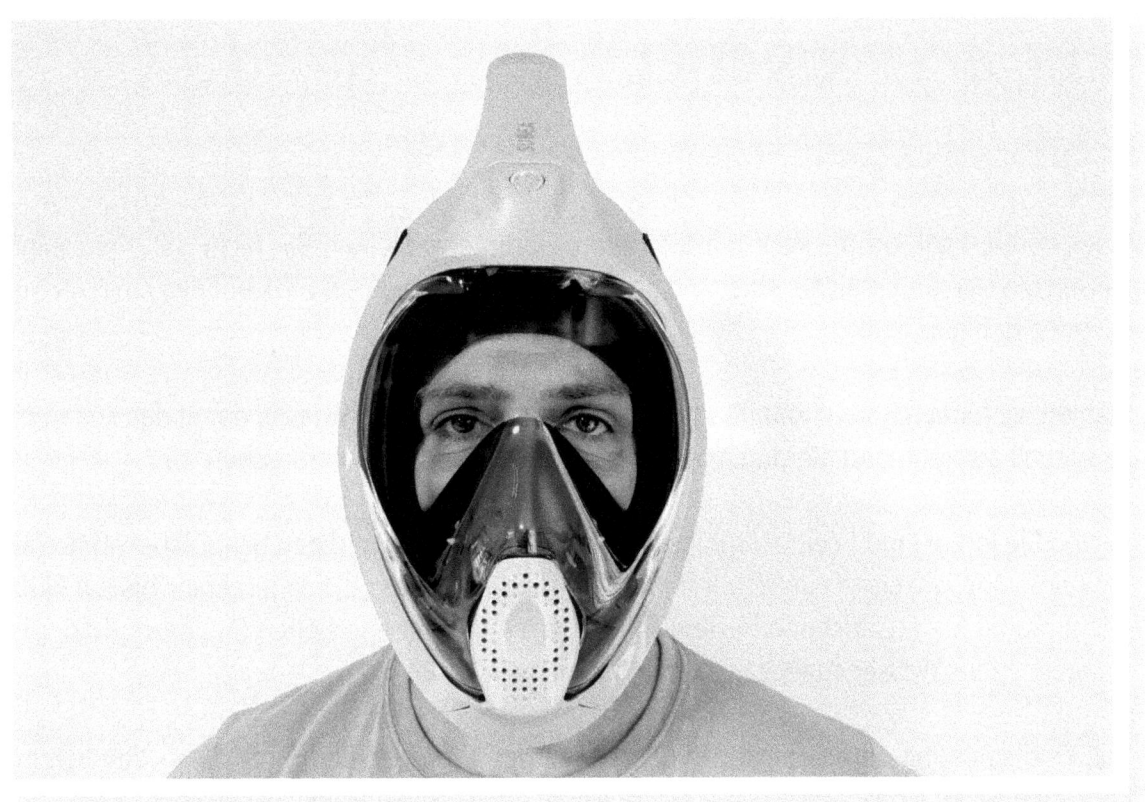

Bild 15: Darth Vader lässt grüßen ...

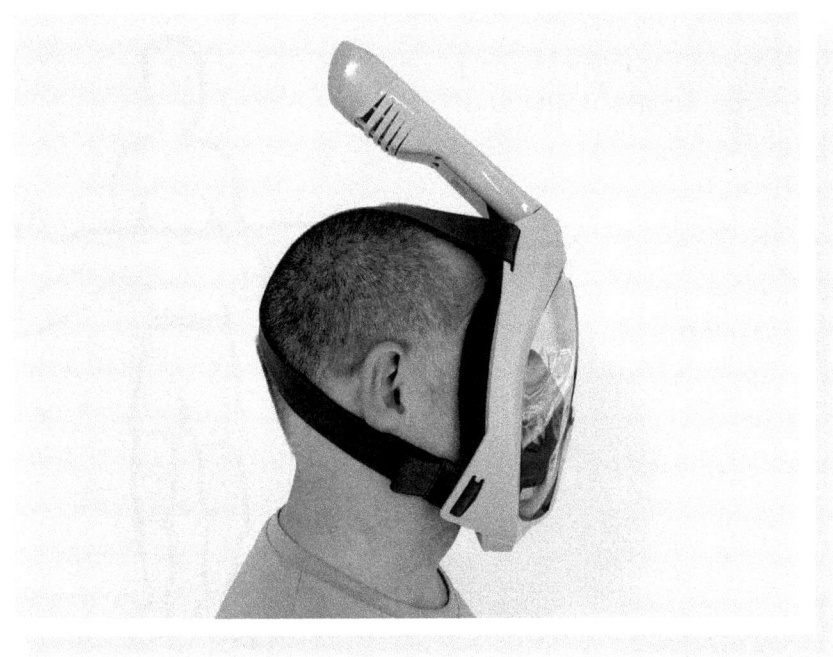

Bild 16: Seitenansicht

MIT SCHNORCHEL UND BRILLE INS WASSER

Eines vorab: Egal, ob die Welt um Sie herum untergeht, bleiben Sie dicht bei ihrem Kind! Lassen Sie sich durch nichts ablenken und haben Sie immer Ihren Blick auf das Kind! Es wird es Ihnen danken.

Wählen Sie für den Schwimmunterricht ein Becken mit warmem Wasser, damit das Kind nicht zu schnell auskühlt und hierdurch das Lernen erschwert bzw. unterbrochen wird.

Setzen Sie Ihrem Kind in einem ruhigen Bereich die Brille auf und den Schnorchel an. Gehen Sie nach Möglichkeit in ein Schwimmbecken, dessen Wasser Ihnen ungefähr bis zur Hüfte reicht, damit Sie ausreichend beweglich bleiben. Anschließend helfen Sie Ihrem Kind, sich waagerecht ins Wasser zu legen.

Das Kind sollte mit dem Gesicht nach unten im Wasser liegen und ruhig durch den Schnorchel atmen. Damit das Kind im Wasser stabil liegt und nicht untergeht, ist es absolut erforderlich, dass es mit dem Gesicht nach unten zum Beckenboden schaut. Sie helfen ihm dabei am besten, indem Sie es anfangs mit den Händen unter Brust und Becken stützen.

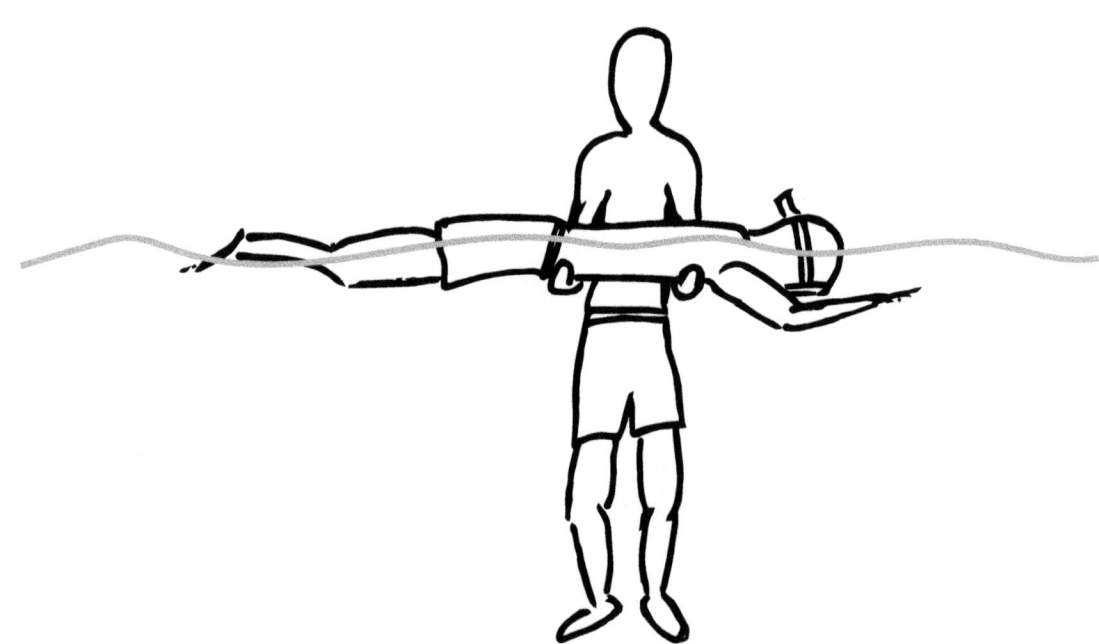

Bild 17: Unterstützung am Oberkörper

Hat das Kind eine waagerechte Haltung eingenommen, nehmen Sie diese Unterstützung langsam weg. Nun sollte das Kind alleine waagerecht im Wasser liegen und nicht untergehen. Bleiben Sie aber auf jeden Fall unmittelbar (damit meine ich einen Abstand von höchstens 30 cm) bei ihm! So können Sie im Fall der Fälle sofort helfen! Lassen Sie sich durch nichts ablenken!

In dieser Phase hat mein Sohn erst mal die „Unterwasserwelt" beobachtet und sich durch einfache Bewegungen durchs Wasser bewegt. Hierbei habe ich ihn nicht gestört, damit er sich an dieses Gefühl gewöhnen und Vertrauen aufbauen konnte, nicht unterzugehen.

Wenn sich das Kind eingewöhnt hat, können Sie es auffordern, mit den Armbewegungen des Brustschwimmens anzufangen. Das Tolle an der „Schnorchlerhaltung" ist die Tatsache, dass man nicht untergeht und sich das Kind zunächst auf die richtigen Armbewegungen im Wasser konzentrieren kann. Wenn es die Armbewegungen nun konstant richtig ausführt, kann es zu den Beinbewegungen wechseln und diesen Bewegungsablauf üben. Abschließend werden beide Bewegungsabläufe kombiniert (sehen Sie hierzu das Kapitel „Die Schwimmbewegungen").

Bei all diesen Übungen ist es nach wie vor wichtig, dass das Kind mit dem Gesicht zum Beckenboden im Wasser liegt, um das Absinken der Hüfte zu vermeiden!

Werden nun Arm- und Beinbewegungen richtig kombiniert, kann das Kind beginnen, den Kopf schrittweise in den Nacken zu legen und somit aus dem Wasser zu heben. Aber jeweils nur so weit, dass es noch stabil im Wasser liegt und mit der Hüfte kaum absinkt. Immer wenn es mit der neuen Kopfhaltung stabil im Wasser schwimmt, den Kopf wieder etwas anheben. Den Vorgang so lange wiederholen, bis der Kopf so weit aus dem Wasser ragt, um sicher durch den Mund atmen zu können.

Wenn das Brustschwimmen mit dem Kopf über Wasser funktioniert, sollte man nicht sofort die Taucherbrille und den Schnorchel absetzen. Das Vertiefen des Gelernten steht im Vordergrund und sollte nicht durch Wasserspritzer in die Augen oder das Verschlucken von Wasser beeinträchtigt werden.

DIE SCHWIMMBEWEGUNGEN

Zuerst habe ich versucht, meinem Sohn die Schwimmbewegung im Hallenbad zu erklären und zu üben. Allerdings war er durch die Umgebung größtenteils abgelenkt und der Lernerfolg eher mäßig. Deshalb übten wir dann zu Hause.

Als Erstes brachte ich ihm die Armbewegungen, dann die Beinbewegungen bei. Als Letztes wurden beide Bewegungsabläufe kombiniert.

Üben Sie dies in Ruhe, wenn ausreichend Zeit vorhanden ist. Haben Sie Geduld! Wir übten kurz vor dem Schlafengehen, denn im Schlaf festigt sich das Gelernte.

Der Ablauf der Schwimmbewegungen wird auf den Folgeseiten zeichnerisch dargestellt.

Armbewegungen:

1. Die Arme nach vorn ausstrecken und dabei die Handkanten aneinanderlegen.
2. Im gestreckten Zustand der Arme die Handinnenflächen nach außen drehen und die Arme seitlich nach hinten führen, bis sie ungefähr auf Schulterhöhe sind.
3. Die Arme vor die Brust führen und nach vorn strecken. Hierbei die Handkanten zueinanderbringen (Punkt 1).

Wiederholen Sie diese Übung ein paarmal jeden Abend.

Beinbewegungen:

Für die Übung der Beinbewegungen setzt man sich auf den Boden, lehnt sich nach hinten und stützt sich nach hinten mit den Armen ab. So ist es möglich, die Beinbewegungen zu beobachten.

1. Beine strecken.
2. Beine anziehen (Knie gehen auseinander).
3. Füße auseinander.
4. Beine durchstrecken und parallel zueinanderbringen.

Bild 18: Beine strecken

Bild 19: Beine anziehen, Knie auseinander

Bild 20: Beine auseinander, vom Oberkörper weg

Bild 21: Beine strecken und zusammenführen Füße nach außen

Bild 22: Dieses Muster entsteht

Nun kommt die Herausforderung, beide Bewegungsabläufe zu kombinieren:

1. Wenn die gestreckten Arme nach hinten geführt werden (dadurch erfährt der Körper eine Vorwärtsbewegung), werden die Beine nach vorn gezogen und angewinkelt.
2. Haben die Arme ihre seitliche Position erreicht (nicht weiter als Schulterhöhe nach hinten führen, sonst kostet es nur Kraft) und werden die Hände wieder vor die Brust geführt, so beginnt beim Beinschlag das Zusammenführen der sich streckenden Beine (hierbei erfährt der Körper ebenfalls eine Vorwärtsbewegung). Gleichzeitig werden die Arme nach vorn gestreckt.
3. Sind die Arme gestreckt, endet der Beinschlag, indem die Beine zusammengeführt werden, und der Ablauf beginnt wieder mit Punkt 1.

Diese Übung kann man zum Beispiel auf einem Stuhl durchführen.

Bild 23: Draufsicht des Zusammenspiels der Arm- und Beinbewegungen

DAS ZUSAMMENSPIEL VON ARM- UND BEINBEWEGUNGEN

Wasserfassen Ausatmen	Zug über Schulterbreite Ausatmen	Ellenbogen beugen

- » Flache und gestreckte Körperlage; das Gesicht liegt im Wasser
- » Die Handflächen drehen nach außen (Eindrehen der Arme) – Wasserfassen und Zug der Hände über die Schulterbeite hinaus
- » Die Hände ziehen bogenförmig und schwungvoll weiter nach hinten und hin zum Körper
- » Die Arme werden dabei im Ellenbogen gebeugt, die Ellenbogen bleiben in der Höhe der Schulterachse „stehen" (Ellenbogen-vorn-Haltung)

Schwungvoll nach innen ziehen	Ellenbogen drücken Kopf und Schultern hoch

- » In Höhe Schulterachse ziehen und die Hände unter die Brust drücken
- » Die Ellenbogen drücken kräftig unter den Körper
- » Schultern und Kopf werden angehogen
- » Schräge Körperlage

Kopf und Schultern oben Einatmen	Fersen zum Po Arme verschieben

- » Schräge Körperlage
- » Kurzes und kräftiges Einatmen
- » Die Auftaktbewegung der Beine beginnt (Fersen zum Po)
- » Die Knie werden etwas über Hüpftbreite geöffnet
- » Die Arme beginnen ohne Stopp nach vorne zu strecken
- » Das Gesicht wird zum Wasser geneigt

Füße ausdrehen Gesicht zum Wasser	Beinschlag bogenförmig Arme und Schultern vorschieben

- » Die Beine sind im Kniegelenk zunächst stark gebeugt – flacher Hüftwinkel
- » Die Knie sind etwas über Hüftbreite geöffnet
- » Die Unterschenkel und die gebeugten Füße werden nach außen gedreht
- » Die bogenförmige und schwungvolle Schlagbewegung wird bis zur Streckung der Beine durchgeführt

**Kurzes Gleiten
Gesicht im Wasser**

» Gestreckte, flache Körperlage
» Kurze Gleitphase, bevor der nächste Armzug beginnt
» Die Ausatmung beginnt

(Quelle: www.sichere-schule.de)

DAS ÜBEN

Laut Fachinformationen haben die meisten Kinder im Alter von vier Jahren eine Aufmerksamkeitsspanne von ca. zehn Minuten, im fünften Lebensjahr von ca. fünfzehn Minuten. Daher ist es wichtig, diese Zeitspanne nicht auszudehnen und dadurch das Kind zu überfordern. Lieber rechtzeitig aufhören und nach einer Spiel-/Planschphase eine weitere Übungssequenz einbauen.

Auf jeden Fall sollten Sie versuchen, die Übungen mit einem positiven Erlebnis zu beenden.

Mit meinem Sohn war ich mehrmals zum Üben im Schwimmbad. Nachdem er die Schwimmbewegungen erlernt hatte und sicher durch das Becken schwamm, nahmen wir die Schwimmbrille und den Schnorchel ab. Seit diesem Zeitpunkt war es kein Problem mehr, ohne diese Hilfsmittel zu schwimmen, da er sich im Wasser sicher fühlte. Auch vereinzelte Wasserspritzer in die Augen oder das Verschlucken von Wasser brachten ihn nicht mehr aus dem Konzept.

Somit halfen uns Taucherbrille und Schnorchel, die Schwimmbewegungen störungsfrei zu erlernen, zu verinnerlichen und am Ende das Brustschwimmen ohne Hilfsmittel zu ermöglichen. Kleine Hilfen, große Wirkung!

Es ist natürlich wichtig, weiterhin schwimmen zu gehen, um an Kraft und Ausdauer zu gewinnen.

Kurze Zeit nach unseren gemeinsamen Zeiten im Schwimmbad überraschte mich mein Sohn mit dem Schwimmabzeichen „Seepferdchen".

SCHNELLER ZWISCHENERFOLG

Um meinem Sohn einen Zwischenerfolg zu bescheren, habe ich ihm die Flossen aus dem Schnorchelset angezogen und ihm versichert, dass er damit viel schneller im Wasser vorwärtskommt als ich – was dann auch prompt der Fall war und ihn so sehr überraschte, dass er lachen musste.

Wichtig ist die richtige Beinarbeit. Viele Schwimmer, die zum ersten Mal Flossen tragen, versuchen, den Vortrieb durch Beinbewegungen zu erzielen, die an „Fahrradfahren" erinnert. Hierbei wird fälschlicherweise das Bein abwechselnd angewinkelt und gestreckt. Diese Technik kostet jedoch nur Kraft und bringt wenig Vortrieb.

Bild 25: „Fahrradfahren": hoher Energieaufwand, schlechtes Vorankommen

Richtig ist es, die Beine gestreckt zu lassen und durch eine leichte Drehbewegung aus der Hüfte die Beinbewegungen zu erzeugen. Hierbei wird das Knie nur leicht angewinkelt.

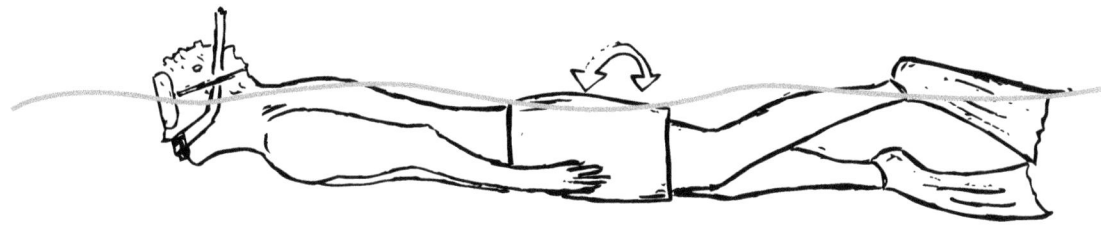

Bild 26: Effiziente Beinarbeit: Hüfte drehen, Beine abwechselnd leicht anwinkeln.

Die Arme können seitlich an den Oberkörper gelegt oder nach vorn vor dem Kopf zusammengeführt werden.

Unsere Flossen waren mit einem Schnellverschluss und verstellbarem Fersenband ausgestattet. Somit können die Flossen mehrere Jahre verwendet werden. Der Schnellverschluss ermöglicht es, die Flosse bequem an- und auszuziehen, nachdem das Fersenband dem Fuß entsprechend eingestellt wurde.

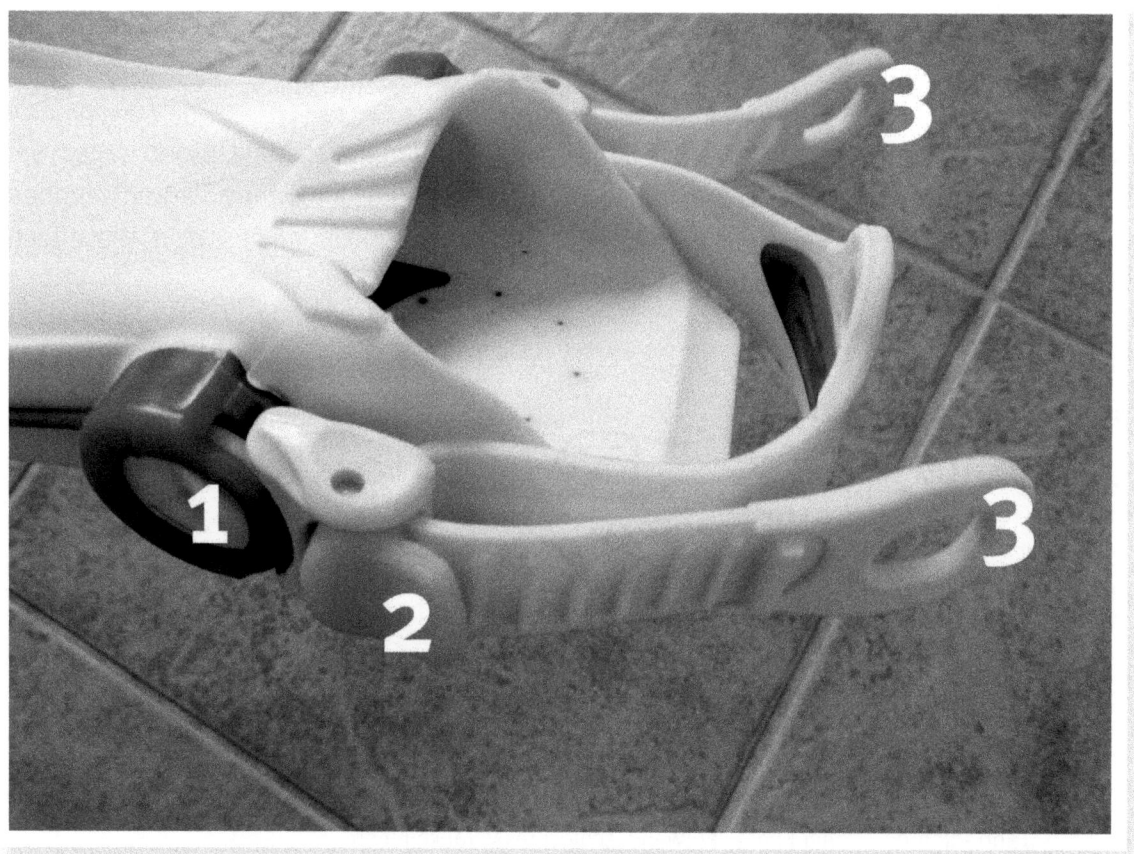

Bild 27: Flosse mit verstellbarem Fersenband

1: Schnellverschluss
2: Fersenbandverstellung
3: Fersenband mit Zugösen

RICHTIG ABTAUCHEN

Nun kam mein Sohn mit Brille, Schnorchel und Flossen gut zurecht. Was lag nun näher, als zum Boden des Beckens zu tauchen? Motiviert ruderte er mit Händen und Füßen, um abzutauchen. Da dies viel Kraft kostet, aber nicht wirklich funktioniert, wunderte er sich, wie das gehen sollte.

Als ich gerade ansetzte, um ihm die richtige Technik zu erklären, unterbrach er mich und meinte, er wolle so weitermachen wie bisher. Ich schlug ihm vor, sich meine Erklärung anzuhören und auszuprobieren, dann hätte er eine Alternative zu seiner Art, abzutauchen. Anschließend könnte er es auf die Art und Weise machen, mit der er am besten zurechtkommen würde: Er hat es dann nie wieder auf seine Art versucht.

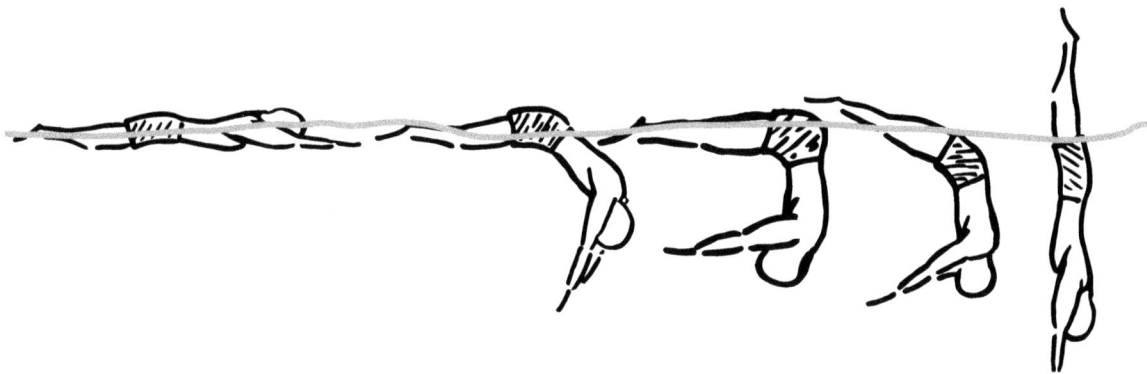

Bild 28: Richtig abtauchen

Zum richtigen, kraftschonenden Abtauchen nutzt man das eigene Körpergewicht!

Hierbei knickt man mit dem Oberkörper in der Hüfte um 90 Grad nach unten ein, sodass der Oberkörper senkrecht nach unten zeigt. Nun streckt man die Beine in die Luft wie zu einem Handstand. Gleichzeitig lässt sich das Absinken beschleunigen, indem man mit den Armen Schwimmbewegungen macht, die ihn zusätzlich nach unten ziehen:

Das eigene Körpergewicht (im „Handstand") zieht den Schwimmer nach unten, unterstützt durch die Schwimmbewegungen mit den Armen.

Ein auf dem Beckenboden liegender Gegenstand, der geholt werden soll, ist eine prima Motivation. Damit dieser gut unter Wasser zu sehen ist, sollte er grün oder blau sein. Die Farbe Rot verschwindet mit zunehmender Tiefe, da diese vom Wasser als erste absorbiert wird.

FARBE DER BADEBEKLEIDUNG RETTET LEBEN

Laut Statista ertranken 269 Personen im Jahr 2022 in Deutschland. Für Bademeister und andere Rettungskräfte ist eine erfolgreiche Rettung einfacher, je länger die ertrinkende Person im Wasser ausfindig gemacht werden kann.

Die amerikanische Organisation „Alive Solution" untersuchte in einem Experiment, wie lange Badebekleidung, abhängig von ihrer Farbe, unter Wasser noch sichtbar ist.

Unterschieden wurde die Wirkung im Schwimmbadwasser und in einem See.

Im Schwimmbad schnitten die Farben Neonpink und Neonorange am besten ab. Im Gegensatz dazu erreichten im See die Farben Neongelb, Grün und Orange die beste Sichtbarkeit.

Mit zunehmender Tiefe verschwinden leider auch die besten Farben und sind ab ca. 60 cm nicht mehr zu sehen.

Eine ausführliche Abhandlung dieses wichtigen Themas finden Sie unter:

https://www.focus.de/wissen/gefahr-zu-ertrinken-sinkt-neonpink-statt-blau-die-richtige-Farbe-der-Badebekleidung-kann-kinderleben-retten_id_107975024.html

ZUSAMMENFASSUNG

Zu Hause:

- » Bewegungsabläufe der Arme und Beine üben.
- » Die Taucherbrille in Ruhe anprobieren und das Brillenband einstellen.
- » Sich an das Atmen durch den Schnorchel gewöhnen.
- » Das Anlegen von Taucherbrille und Schnorchel üben.
- » Darauf achten, dass keine Haare von der Taucherbrille eingeklemmt werden (hier läuft sonst das Wasser in die Taucherbrille).

Im Schwimmbad:

- » Zeiten mit wenigen Badegästen bevorzugen.
- » Schwimmbecken mit warmem Wasser nutzen.
- » Wassertiefe für die Begleitperson sollte etwa hüfthoch sein.
- » Kind waagerecht ins Wasser legen mit dem Gesicht zum Beckenboden.
- » Armbewegungen üben.
- » Beinbewegungen üben.
- » Bewegungen kombinieren.
- » Gesicht weiterhin zum Schwimmbeckenboden ausrichten.
- » Wenn die Schwimmbewegungen verinnerlicht sind, den Kopf schrittweise in den Nacken legen, bis das Kind ohne Schnorchel atmen könnte, jedoch weiterhin mit Taucherbrille und Schnorchel üben.
- » Wenn das Kind mit dem Kopf über Wasser stabil schwimmen kann, Taucherbrille und Schnorchel ablegen.

BADEREGELN

Bitte beachten Sie die Baderegeln und besprechen diese mit dem Kind.

- » Schwimme nur, wenn du gesund bist.
- » Trage nur zugelassene Badekleidung.
- » Wenn dir kalt wird, verlasse das Wasser.
- » Kühle dich mit einer Dusche vor dem Schwimmen ab (Gefahr des Kälteschocks).
- » Bei Ohrenschmerzen nicht tauchen oder ins Wasser springen.
- » Nicht auf dem gefliesten Boden laufen.
- » Schwimme nicht mit vollem Magen.
- » Springe nur an ausreichend tiefen und bekannten Stellen ins Wasser (Gefahr der Querschnittslähmung und des Ertrinkens durch eine Wirbelsäulenverletzung) und nur dort, wo es erlaubt ist.
- » Achte auf andere Badegäste und rufe bei einem Notfall Hilfe.
- » Keine Mutproben beim Schwimmen.
- » Tauche nur mit Begleitung.
- » Beachte, was in der Badeanstalt erlaubt und verboten ist.
- » Rettungsdienst (europaweit und darüber hinaus als **Euronotruf** gültig): 112 (lesenswert hierzu: wikipedia.de „Euronotruf").
- » Polizeinotruf: 110.

ZUM SCHLUSS ...

... bedanke ich mich bei Ihnen, dass Sie Interesse an diesem Thema haben. Ich hoffe, ich konnte Sie zur Eigeninitiative anregen, denn es lohnt sich, die Aufgabe selbst in die Hand zu nehmen. Alle Anregungen sind und bleiben lediglich Anregungen. Sie sollen als Leitfaden und Ideengeber dienen – nutzen Sie davon, was Ihnen zusagt. Fügen Sie gern eigene Ideen hinzu, denn jedes Kind ist anders.

Als Letztes noch mal die Bitte: Haben Sie Geduld und beenden Sie das Lernen und Üben mit einem positiven Erlebnis. Üben Sie vorab auch zu Hause und gehen Sie regelmäßig mit Ihrem Kind schwimmen.

UND JETZT: AB INS WASSER!

QUELLEN UND WEITERE INFOS

- » mitkannsgruber.net – Gesundheitskasse NRW
- » mathe-physik-csi.blogspot.de
- » kreativ-schwimmschule.de
- » die-tauchausbilder.de
- » wikipedia.de
- » Google: trockenes Ertrinken / sekundäres Ertrinken / Kinder ertrinken leise

www.ingramcontent.com/pod-product-compliance
Ingram Content Group UK Ltd.
Pitfield, Milton Keynes, MK11 3LW, UK
UKHW050939030225
454603UK00010B/91